Die deutsche Ausgabe erscheint bei
Parragon Books Ltd
Chartist House
15 – 17 Trim Street
Bath BA1 1HA, UK

Realisation der deutschen Ausgabe: trans texas publishing, Köln
Übersetzung: Anke Wellner-Kempf, Jetzendorf

ISBN: 978-1-4723-4735-0
Printed in China

Disney Prinzessin

Aschenputtel

Parragon

Bath • New York • Singapore • Hong Kong • Cologne • Delhi
Melbourne • Amsterdam • Johannesburg • Shenzhen

Vor langer Zeit lebte in einem fernen Land ein reicher verwitweter Mann mit seiner wunderschönen Tochter Cinderella. Er war ein freundlicher Mann und ein liebevoller Vater.

Damit seine Tochter nicht ohne Mutter aufwachsen musste, heiratete er ein zweites Mal.

Cinderellas Stiefmutter aber hatte zwei bösartige und gemeine Töchter, Anastasia und Drisella.

Als Cinderellas Vater starb, begann für sie eine schwere Zeit. Hatte die Stiefmutter zu Lebzeiten des Vaters vorgegeben, Cinderella zu mögen, war sie in Wahrheit neidisch auf ihren Liebreiz und ihre Schönheit. Und so ließ sie das junge Mädchen in seinem eigenen Haus als Dienerin arbeiten.

Cinderella musste in einem kleinen Zimmer auf dem Dachboden schlafen.

Ihre einzigen Freunde waren die Vögel und Mäuse. Sie lauschten, wenn Cinderella von ihren Träumen und von einem Leben voll Liebe und Freude sang.

Eines Morgens entdeckte Cinderella eine rundliche kleine Maus, die in eine Mausefalle geraten war. „Du sollst Karli heißen“, sagte sie zu ihm, befreite ihn und brachte ihn zu den anderen Mäusen. „Vergesst nicht, ihn vor Luzifer zu warnen“, mahnte Cinderella und machte sich an ihr Tagewerk.

Luzifer war die Katze der Stiefmutter. Sie war gerissen, aber faul. Keines der Tiere mochte sie, schon gar nicht Bruno, der Hund.

Nachdem Cinderella Luzifer die Milch gegeben hatte, ging sie hinaus auf den Hof. „Frühstückszeit!“, rief sie und streute das Korn für die Hühner aus.

Auch die Mäuse liefen herbei, um einige Körner zu ergattern, aber Luzifer versperrte ihnen den Weg. Tapfer versetzte Jacques ihm einen Tritt – und plumps fiel die Katze mit der Schnauze in die Milchschale.

Luzifer wurde sehr böse. Er sah, wie Karli geschäftig einige Körner aufsammelte, und sprang mit einem Satz auf ihn zu.

Zum Glück gelang es Karli, sich in die Küche zu flüchten. Er huschte hinauf auf den Tisch, wo er sich gegen eine Tasse lehnte. Doch plötzlich drehte Luzifer die Tasse um und begrub Karli unter ihr.

In diesem Augenblick rief eine schrille Stimme die Treppe herunter: „Cinderella!"

„Ich komme!", antwortete Cinderella. Sie seufzte, nahm die Tabletts auf und stieg die Treppe hinauf.

Karli saß sicher unter der Teetasse.

Nicht weit entfernt im Königspalast unterhielten
ich der König und der Großherzog.

„Ich werde meinen Sohn einfach
wingen, nun endlich einmal zu
eiraten“, beschloss der König. Da
atte er eine Idee. „Wir geben heute
Nacht einen Ball“, rief er, „und laden
lle heiratsfähigen Mädchen meines
Königreichs ein. Ja, warum sollte er sich dann
icht in eine von ihnen verlieben?“

Der königliche Bote klopfte nun auch
n Cinderellas Tür und überreichte ihr eine
inladung zum Ball. Cinderella lief sogleich zu
hrer Stiefmutter, die im Musikzimmer mit
hren Töchtern Anastasia und Drisella sang.

„Der Hof gibt einen Ball“, erklärte sie, als
ie den Brief las. „Jedes heiratsfähige Mädchen
at zu erscheinen.“

„Dann darf ich also auch ins Schloss
ehen?“, fragte Cinderella hoffnungsvoll.

Anastasia und Drisella lachten bei
ieser Vorstellung laut auf, aber Cinderella
ar fest entschlossen: „Auf königlichen
efehl haben alle heiratsfähigen
Mädchen zu erscheinen!“,
sagte sie.

Ihre Stiefmutter dachte
einen Augenblick nach, dann
huschte ein schlaues Lächeln
über ihr Gesicht. „Warum solltest du eigentlich nicht
hingehen … nun, wenn du all deine Arbeiten verrichtet
hast, und außerdem etwas Passendes zum Anziehen
findest, darfst du gehen.“

„Ich bin sicher, dass ich das schaffe!“, rief
Cinderella und eilte die Treppe hinauf.

Sie holte ein Kleid ihrer Mutter aus dem Schrank. „Es ist nicht gerade nach der neuesten Mode, aber das werde ich ändern“, dachte sie sich.

„Cinderella!“, rief die Stiefmutter abermals nach ihr.

Die Mäuse ahnten, dass Cinderella niemals Zeit finden würde, das Kleid zu verschönern. So beschlossen sie, es für Cinderella zu ändern.

Sie sangen vergnügt, als sie den Stoff schnitten und wieder zusammennähten. Bald schon hatten sie ein wunderhübsches Kleid fertig. Als Zierde dienten eine Schärpe und eine Perlenkette, die die Stiefschwestern Anastasia und Drisella längst weggeworfen hatten.

Spät am Abend kehrte Cinderella traurig in ihr Dachzimmer zurück. Sie hatte den ganzen Tag hart gearbeitet und keine Zeit gefunden, sich für den Ball hübsch zu machen. Aus dem Fenster sah sie, wie eine Kutsche vor dem Haus vorfuhr, um ihre Stiefmutter und ihre Schwestern für den Ball abzuholen.

Als sie sich umdrehte, erblickte sie plötzlich das Kleid. „Überraschung!“, riefen ihre Freunde aus einem Munde.

„Oh, ich danke euch!“, staunte Cinderella, die ihren Augen kaum trauen konnte. Im Nu schlüpfte sie in das Kleid und eilte die Treppen hinunter zur Kutsche.

Als Anastasia und Drisella ihre alten Perlen und Bänder erkannten und sahen, wie schön Cinderella in dem Kleid aussah, wurden sie ganz neidisch.

„Du Diebin!“, schrie Drisella. Dann entdeckte Anastasia die Schärpe: „Das ist meine“, empörte sie sich, griff nach dem Band und riss an Cinderellas Kleid.

„Bitte, hört auf!", rief Cinderella. Aber es war zu spät. Ihr Kleid war völlig zerrissen und hing ihr in Fetzen vom Leib. Außer sich vor Enttäuschung lief sie in den Garten und warf sich weinend auf eine Bank. Sie schluchzte herzzerreißend.

Cinderella war so verzweifelt, dass sie die funkelnden Lichter, die sie auf einmal umgaben, gar nicht bemerkte. Als sie aufsah, saß eine alte Frau auf der Bank.

„Ich bin deine gute alte Fee“, sagte die Frau freundlich. „Trockne deine Tränen. Du kannst doch nicht weinend zum Ball gehen. Zunächst brauchen wir einen Kürbis.“

Wenige Minuten später schwang die gute Fee ihren Zauberstab über dem Kürbis. „Bibbidi-babbidi-bu“, murmelte sie, und der Kürbis verwandelte sich in eine funkelnde Kutsche.

„Nun“, überlegte die Fee, „zu einer Equipage gehört natürlich auch …“, und sie schwenkte ihren Zauberstab über Karli, Jacques und ihren Freunden und verwandelte sie in stolze weiße Pferde. Eine weitere Bewegung mit dem Zauberstab, und das alte Pferd wurde zum Kutscher, der Hund Bruno ein Diener.

Und zum Schluss zauberte sie Cinderella mit einer letzten Bewegung des Zauberstabs ein prachtvolles Ballkleid und dazu zierliche Schuhe aus Glas.

„Oh, das ist ein wunderschönes Kleid", jubelte Cinderella und stieg in die Kutsche. „Mein wunderbarer Traum ist endlich wahr geworden."

„Ja, mein Kind", antwortete die Fee. „Aber leider muss ich dir gestehen, dass er nicht lange anhalten wird. Sobald die Glocke zwölf schlägt, ist der Zauber vorbei und es wird alles, wie es war."

Im Palast angekommen, betrat Cinderella aufgeregt den Ballsaal. In dem Augenblick, als der Prinz sie erblickte, war er sich sicher, dass Cinderella die schönste Frau war, die er je gesehen hatte. Er nahm ihre Hand, und während er sie auf die Tanzfläche führte, spürte er, dass er sich unsterblich verliebt hatte. Er ließ Cinderella den ganzen Abend nicht mehr los.

Und auch Cinderella fühlte sich in den Armen des Prinzen wie im Himmel.

Plötzlich hörte sie eine Glocke schlagen. Es war Mitternacht …

„Leb wohl!“, stieß Cinderella hastig hervor und schon lief sie durch den Ballsaal und die Treppe hinunter.

„Warte, du kannst noch nicht gehen“, rief der Prinz hinter ihr her. Aber Cinderella lief weiter und hielt nicht einmal an, als sie einen ihrer Glasschuhe auf der Treppe verlor. Sie schlüpfte in die Kutsche, die schnell davonfuhr.

Mit dem letzten Glockenschlag verwandelte sich die Kutsche wieder in einen Kürbis und Cinderella fand sich selbst in Lumpen gekleidet wieder. Aber sie trug immer noch einen Schuh aus Glas an einem Fuß.

Im Palast litt der Prinz an Liebeskummer. Er erklärte, dass er nur das Mädchen heiraten würde, dem der Glasschuh, den er auf der Treppe gefunden hatte, passte.

Am nächsten Tag begann der Großherzog mit der Suche. Jedes Mädchen im Land musste den Schuh anprobieren, bis der Prinz seine wahre Liebe wiedergefunden hatte.

In der Zwischenzeit war Cinderellas Stiefmutter misstrauisch geworden, weil sie gehört hatte, dass Cinderella die Tanzmusik vom Ball vor sich hinsummte.

Daher entschied sie, dass Cinderella den Schuh nicht anprobieren sollte. Sie folgte dem Mädchen, als es nach oben in sein Zimmer ging, und verschloss seine Tür.

Schließlich kam der Großherzog auch in ihr Haus. Anastasia und Drisella waren sehr aufgeregt.

Sie versuchten mit aller Gewalt, den Fuß in den zierlichen Glasschuh zu zwängen. Aber ihre Füße waren zu groß.

Jacques und Karli hatten beobachtet, wie Cinderella eingesperrt vurde. Sie stahlen den Schlüssel aus der Tasche der Stiefmutter und chleppten ihn zu Cinderellas Dachzimmer hinauf.

Verschwitzt und erschöpft gelang es ihnen schließlich, die Tür zu ffnen und ihre Freundin zu befreien.

Im letzten Augenblick erschien Cinderella oben auf der Treppe. Bitte warten Sie!“, rief sie. „Darf ich den Schuh anprobieren?“

Mit einem lauten Knall landete der Schuh auf dem Fußboden und zerbrach in tausend Stücke.

„Oh nein!“, rief der Großherzog entsetzt.

„Aber seht, ich habe den anderen Schuh!“, sagte Cinderella, während sie in ihre Tasche griff und den zweiten Glasschuh herauszog. Cinderellas Stiefschwestern schrien vor Entsetzen und Wut laut auf, als der Großherzog den Schuh erfreut über Cinderellas Fuß streifte.

Bereits kurze Zeit später heirateten der Prinz und Cinderella. Ihre Freunde, die Mäuse, schauten zu und freuten sich, denn sie wussten, dass Cinderellas Träume wahr geworden waren.